© 1989 Verlag Heinrich Ellermann, München 19
Printed in Germany
ISBN 3-7707-6294-0

Eve Jacob

Ich spiele Geige und du?

Ellermann Verlag

Guten Tag! Ich heiße Susanne Jannsen und bin Geigerin in einem Orchester. Johann und Lisa kommen einmal in der Woche zu mir zum Musizieren. Johann lernt Geige und Lisa Cello. Beide können auch schon ganz gut Klavier spielen. Weil sie täglich üben, machen sie rasch Fortschritte.

Wenn sie erwachsen sind, möchten sie auch einmal in einem großen Orchester spielen – so wie ich.

Heute ist ein besonderer Tag. Nach dem Unterricht wollen wir gemeinsam zu einem Geigenbauer gehen. Kommst du mit?

Von Zeit zu Zeit bringe ich meine Geige in seine Werkstatt. Ganz vorsichtig behandelt der Geigenbauer die Geige, so wie ein Arzt einen Kranken versorgt. Wenn er alles überprüft hat, kann ich sicher sein, daß während eines Konzerts nichts kaputt geht und alle Töne schön klingen.

Meine Geige und ich sind unzertrennliche Freunde. Jeden Tag nehme ich sie mit zum Orchester. Dort übe ich mit den anderen Musikern für das nächste Konzert. Im Orchester gibt es aber nicht nur Geigen, sondern noch viele andere Musikinstrumente. Die möchte ich dir nun vorstellen.

Hier siehst du verschiedene Instrumente. Sie gehören zu vier großen Familien: den Streichern ①, den Holzbläsern ②, den Blechbläsern ③ und den Schlaginstrumenten ④. Welche Instrumente jeweils mitspielen, hängt vor allem von der Größe des Orchesters ab. Immer sind aber die Streicher am stärksten vertreten. Auf diesen beiden Seiten siehst du, daß in unserem Orchester 14 erste Geigen mitspielen, aber nur 1 Becken.

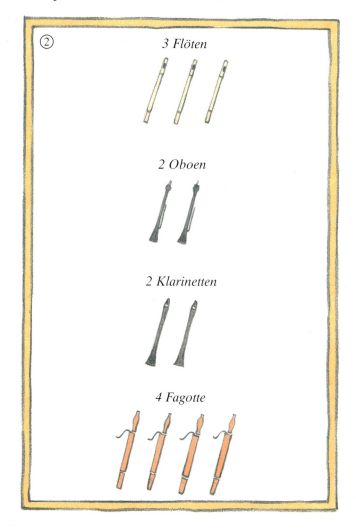

① *14 erste Geigen*

13 zweite Geigen

10 Bratschen

12 Celli

10 Bässe

② *3 Flöten*

2 Oboen

2 Klarinetten

4 Fagotte

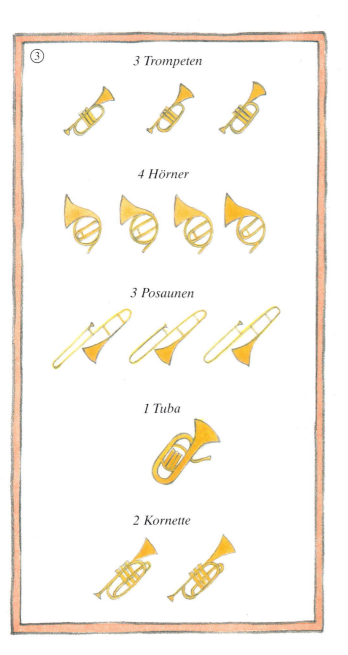
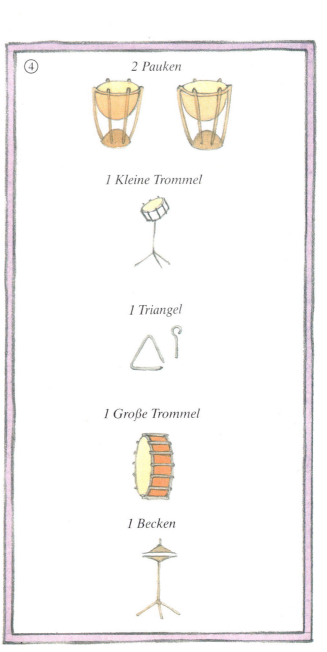

Zu den Streichern gehören die Geige, die Bratsche, das Cello und der Baß. Alle Saiteninstrumente sind aus Holz gemacht. Um einen Ton zu erzeugen, muß ich mit dem Bogen über die straff gespannten Saiten streichen, so daß sie leicht schwingen. Im »Bauch« des Instruments werden diese Schwingungen zum Klingen gebracht. Dann hörst du einen Ton. Er kann höher oder tiefer sein, je nachdem, wo der Musiker die Saiten auf das Griffbrett drückt.
In dem grünen Feld oben siehst du, wo die Streicher im Orchester meistens sitzen.

Geige (Violine)

Bogen, *Schnecke*, *Hals*, *Wirbel*, *Griffbrett*, *Decke*, *Saiten*, *Steg*, *Schalloch*, *Saitenhalter*, *Kinnstütze*

Bratsche (Viola)

Cello (Violoncello)

Baß (Kontrabaß)

Hier siehst du die Querflöte, die Oboe, die Klarinette und das Fagott. Diese Blasinstrumente sind aus Holz oder Metall. Um unterschiedliche Töne hervorzubringen, blasen die Musiker Luft in die Mundstücke und schließen die Löcher mit Hilfe der Klappen.
Das gelbe Feld oben zeigt dir, wo die Holzblasinstrumente im Orchester meist zu finden sind.

Querflöte

Mundstück
Kopfstück
Mittelstück
Klappen
Fußstück

Oboe

Klarinette

Fagott

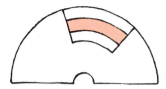

Zu der Familie der Blechbläser gehören die Trompete, das Kornett, die Posaune, die Tuba und das Horn.
Sie sind ganz aus Metall. Der Musiker preßt seine Lippen gegen das Mundstück. Wenn er bläst, bewegen sie sich und erzeugen den Ton im Körper des Musikinstruments.
Wo die Blechbläser im Orchester meist untergebracht sind, zeigt dir das rote Feld.

Trompete

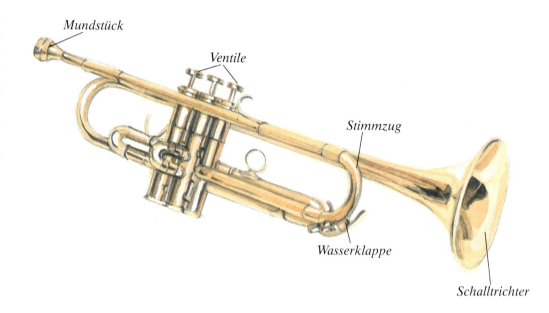

Mundstück, *Ventile*, *Stimmzug*, *Wasserklappe*, *Schalltrichter*

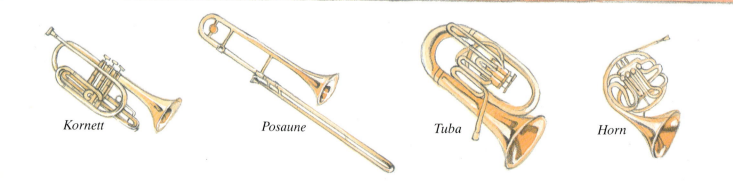

Kornett   *Posaune*   *Tuba*   *Horn*

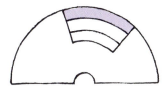

Die Familie der Schlaginstrumente ist sehr groß. Die am häufigsten gebrauchten Schlaginstrumente sind die Pauke, das Becken, die Kleine und die Große Trommel und der Triangel. Ihr Körper besteht aus Holz oder Metall. Manche werden mit Tierhäuten bezogen. Man schlägt auf sie mit verschiedenen Schlegeln, deren Griff meist aus Holz ist. Ihr Kopf kann ebenfalls aus Holz sein, oft ist er aber mit Filz, Stoff, Kork oder mit einem anderen Material bezogen. Das violette Feld zeigt dir den Platz der Schlaginstrumente im Orchester.

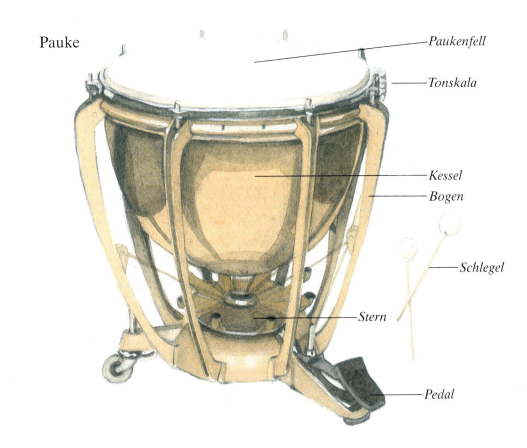

Pauke — Paukenfell — Tonskala — Kessel — Bogen — Schlegel — Stern — Pedal

Becken

Kleine Trommel

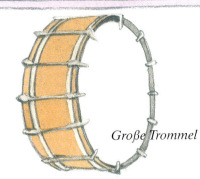

Große Trommel

Triangel

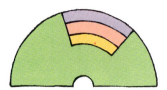

Hier siehst du nun unser ganzes Orchester. Wenn alle Musiker anwesend sind, sind wir fast hundert Leute und spielen auf über zwanzig verschiedenen Instrumenten. Viele davon kennst du ja nun. Du kannst aber auch zwei entdecken, die noch nicht beschrieben wurden. Findest du die Harfe ① und das Klavier ② auf diesem Bild?

Der Mann, der vor den Musikern steht, ist übrigens der Dirigent.

Diese Bewegungen macht der Dirigent am häufigsten mit dem Taktstock.

Er dirigiert mit seinem Taktstock das Orchester und gibt an, ob die Musiker das Stück schnell, fröhlich, langsam oder traurig spielen sollen. Die Partitur des Dirigenten zeigt ihm die Noten für alle Instrumente auf einen Blick. Daran kann er ablesen, welche Musiker gleichzeitig spielen sollen, wann sie beginnen und wann sie aufhören sollen. Wenn er nicht da wäre, würde jeder Musiker nach einem anderen Rhythmus spielen. Das gäbe ein schönes Durcheinander!

Weil es Johann und Lisa besonders viel Spaß macht, gemeinsam zu musizieren, geben sie manchmal bei sich zu Hause ein kleines Konzert. Alle Freunde spielen dann mit.
Du kennst ja jetzt die Instrumente, auf denen die Kinder spielen. Hast du nicht Lust mitzumachen? Welches Instrument würdest du dir aussuchen?